AF232040

ESPOIR ET SALUT

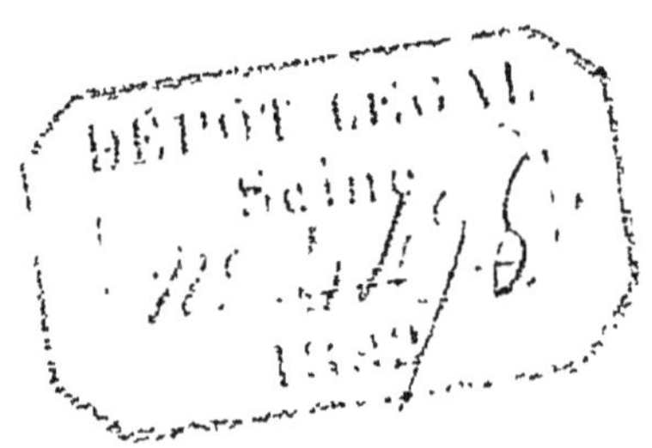

> *Notre espoir est dans la sagesse du peuple, notre salut sera dans la monarchie.*
>
> (E. G.)

ÉDOUARD GUILLEMIN

ESPOIR ET SALUT

Notre espoir est dans la sagesse du peuple, notre salut sera dans la monarchie.

(E. G.)

Troisième édition

PRIX : 20 CENTIMES

PARIS-AUTEUIL

IMPRIMERIE DES APPRENTIS-ORPHELINS ROUSSEL
40, RUE LA FONTAINE, 40

1882

Le 29 septembre 1820, du haut du balcon des Tuileries, le roi Louis XVIII faisait entendre ces paroles à une foule immense et enthousiaste :

Mes amis, votre joie centuple la mienne. Il nous est né un enfant à tous. Cet enfant sera un jour votre père. Il vous aimera comme je vous aime, comme tous les miens vous aiment.

Henri - Charles - Ferdinand - Marie - Dieudonné D'ARTOIS, DUC DE BORDEAUX, comte de **Chambord**, prochainement **ROI de FRANCE,** venait de naître.

ESPOIR ET SALUT

Notre espoir est dans la sa-
gesse du peuple, notre salut sera
dans la monarchie.

(E. G.)

La situation dans laquelle se trouve la France depuis les dernières élections législatives et sénatoriales impose à tous les catholiques, à tous les royalistes, à tous les honnêtes gens, une admirable et splendide mission ; un dévouement sans bornes et des devoirs auxquels nul ne manquera.

Le parti monarchique est vaincu, se sont écriés de toutes parts les apôtres de la révolution et de la libre pensée !

Oui, nous avons été vaincus !

Mais il est des époques où les vaincus ont le droit de lever fièrement la tête.

Quand la victoire est devenue une vile courtisane, quand on voit à quelle espèce d'hommes elle prodigue ses faveurs, on se drape avec orgueil dans sa défaite, comme dans un manteau d'honneur.

Depuis plus de onze ans la République est le gouvernement de fait de la France : elle nous avait promis l'économie, la prospérité, la liberté et la paix.

Que nous a-t-elle donné !

Les dépenses augmentées d'année en année, l'agriculture écrasée, l'industrie profondément troublée, le commerce épuisé.

La magistrature, l'armée, l'administration désorganisées.

La religion publiquement attaquée, les sœurs de charité chassées des hôpitaux, les crucifix arrachés des écoles, l'éducation sans Dieu imposée à la nation, les religieux expulsés comme des malfaiteurs.

La paix et la dignité nationale compromises dans des aventures.

Voilà, Français, l'œuvre de la République.

Ne laissons pas à ce gouvernement corrupteur et criminel, le temps de poursuivre et d'achever cette œuvre.

Rallions-nous tous à la Monarchie qui seule peut nous donner aujourd'hui le repos, l'ordre et la sécurité dont notre pays à tant besoin.

A la Monarchie, représentée par un Prince chrétien, honnête et loyal, qui, à la tête de la Maison de France, unie derrière lui, est prêt à venir demain commencer son œuvre de réparation.

Ne nous décourageons point, les grandes et nobles choses pour lesquelles nous combattons, ne reçoivent jamais de blessures mortelles, et quand elles tombent c'est pour se relever avec plus d'éclat.

Laissons donc passer l'orgie !

Laissons passer cette cohue d'ambitions effrénées, d'appétits voraces, de convoitises brutales.

L'ignoble besogne commencée par les valets de Grévy et de Gambetta, va continuer.

Mais, courage, la lutte qui se poursuit ne tardera pas à prendre une forme qui en rendra le résultat définitif.

D'un côté la force brutale, de l'autre le droit ; d'un côté la tyrannie, de l'autre la liberté ; d'un côté la violence, de l'autre le calme superbe de la justice.

Donc, nous les seuls représentants de la justice et de la liberté, unis patriotiquement autour du Roi, confiants dans le bon droit de notre cause et dans le bon sens de notre pays, combattons sans faiblesse le principe révolutionnaire dont la République est l'expression ; affirmons virilement les principes de la conservation sociale et nationale qui réside dans la Royauté. Et, si nous ne nous abandonnons pas nous-mêmes, nous pouvons dire d'avance : nous resterons maîtres du champ de bataille.

Nous qui avons la foi du salut, notre devoir est de montrer constamment aux hommes de cœur le rétablissement de la monarchie traditionnelle comme la condition absolue du relèvement de la patrie, comme l'unique sauvegarde de tous les intérêts légitimes, comme l'indispensable égide de tous les droits et de toutes les libertés.

Un catholique, un royaliste, un honnête homme ne peut livrer sa foi, sa famille, son foyer domestique, ses intérêts, son pays aux républicains.

Avec horreur détournons-nous de ces hommes qui ont exigé le vote de toutes les lois sacrilèges par lesquelles la République essaye d'anéantir notre religion :

Suppression d'une partie du budget des cultes.

Suppression de la loi sur le repos du dimanche.

Suppression de l'instruction religieuse dans les écoles.

Obligation du service militaire pour les séminaristes et les prêtres.

Expulsion des religieux des couvents.

Ruines des communautés religieuses de femmes par des impôts exorbitants.

Et cette œuvre satanique n'est point terminée.

Pauvre France !... La ruine, la guerre, la honte, l'agitation, l'inquiétude, l'oppression, voilà les bienfaits de la République.

Mais, espoir, nous savons en qui réside notre salut.

Notre espoir est dans la sagesse de tous les cœurs honnêtes qui ne cesseront de réagir aussi longtemps qu'il le faudra contre les doctrines révolutionnaires et impies, et les hommes animés d'une foi indomptable forment en France des légions innombrables.

Notre espoir est dans nos représentants au Parlement qui sauront, malgré la stérilité de leurs protestations, défendre avec courage et énergie nos droits violés et nos consciences outragées.

Et notre espoir est grand quand nous pensons aux hommes éminents, aux voix éloquentes, qui défendent devant une majorité féroce dans ses haines, tout ce que nous aimons, tout ce que nous respectons, tout ce que nous vénérons.

Ces hommes, qui se dévouent pour la défense de leur Dieu, de leur Roi et de leur patrie, l'histoire doit enregistrer leurs noms. Ils s'appellent :

Mgr Freppel, MM. le comte de Mun, de la Rochefoucault, duc de Bisaccia, le marquis de la Rochejacquelein, de Bélizal, de Largentaye, Baudry-d'Asson, de la Claye, Bourgeois, de Lanjuinais, Lorois, du Bodan, prince de Léon, Leroy, Pain, de Saint-Aignan, le Gonidec de Traissan, de la Villegontier, de la Rochette, de la Biliais, de la Turmelière, comte de Juigné, de Kermengny, Villiers, de Perrochel, Ferdinand Boyer, de Guilloutet, de Soland, comte de Maillé, de Civrac, Ancel, de la Bassetière, de Kerdrel, Buffet, Chesnelong, Pieyere, etc., etc.

Mais, à côté de la protestation de la parole, — si utile qu'elle puisse être, — elle est absolument insuffisante, il faut la protestation de *l'action* et du sacrifice ; il faut que nous soyons prêts à réparer tous les scandales et toutes les profanations.

Les catholiques de France qui ont si héroïquement et si généreusement soutenu la lutte jusqu'à ce jour se doivent à eux-mêmes de ne pas déchoir au moment où nous allons toucher au but. Aujourd'hui, nous traversons l'épreuve suprème : pour chacun de nous, elle sera la justification ; pour la patrie, elle sera le salut définitif et glorieux.

Espoir et salut, disons-nous au commencement de cette brochure.

Notre espoir, nous venons de dire, en quelques lignes, où il réside.

Notre salut, il est tout entier dans la monarchie.

En effet : depuis la mort de l'héroïque prince impérial, le parti bonapartiste a presque complètement disparu. La révolution représentée par les républicains n'a donc plus devant elle que la monarchie, la monarchie du droit, de l'histoire et de la tradition, la monarchie du Roi avec le Roi et avec la France.

Et la monarchie ainsi comprise sera notre salut, parce que nous avons foi dans le programme de gouvernement que nous a exposé, dès 1856, Mgr le comte de Chambord.

Ce programme le voici :

« Exclusion de tout arbitraire ; le règne et le res-
» pect des lois ; l'honnèteté et le droit partout ; le
» pays sincèrement représenté, votant l'impôt et con-
» courant à la confection des lois ; les dépenses sin-
» cèrement contrôlées ; la propriété, la liberté indi-
» viduelle et religieuse inviolables et sacrées ; l'ad-
» ministration communale et départementale sage-
» ment et progressivement décentralisées ; le libre
» accès pour tous aux honneurs et aux avantages so-
» ciaux ; telles sont à mes yeux les véritables ga-
» ranties d'un bon gouvernement et tout mon désir
» est de pouvoir un jour me dévouer tout entier à l'é-
» tablir en France. »

Voilà le régime que nous promet Henri V, c'est ce-
lui qui convient à notre cher pays et à l'avènement duquel tout vrai Français doit travailler.

Donc, n'hésitons pas :

Catholiques, vive Dieu !

Royalistes, vive le Roi !

PAROLES ROYALES

« Si jamais la Providence m'ouvre les portes de la France, je ne veux pas être le Roi d'une classe ni d'un parti, mais le Roi de tous. Le mérite et les services rendus seront les seules distinctions à mes yeux. »

(HENRI V.)

« Dieu, en me faisant naitre, m'a imposé de grands devoirs envers la France. Je ne les oublierai jamais. Quand il m'appellera à les remplir, je serai prêt, sans orgueil et sans faiblesse. »

(HENRI V.)

« ... Ma plus grande consolation sur la terre étrangère est de m'occuper de tout ce qui peut contribuer à la gloire, au bonheur et à la prospérité de la France. »

(HENRI V.)

« Ce que je désire, c'est que la France me connaisse et qu'elle sache que je suis prêt à me dévouer tout entier à son bonheur. »

(HENRI V.)

*
* *

« J'appelle tous les dévouements, tous les esprits éclairés, toutes les âmes généreuses, tous les cœurs droits, dans quelques rangs qu'ils se trouvent et sous quelque drapeau qu'ils aient combattu jusqu'ici. »

(Henri V.)

*
* *

« Mes dispositions sont toujours les mêmes et ne changeront jamais... Exclusion de tout arbitraire, le règne et le respect des lois, l'honnêteté et le droit partout... Le libre accès pour tous aux honneurs et aux avantages sociaux. »

(Henri V.)

*
* *

« Je ne suis point un parti, et je ne veux pas revenir pour régner par un parti. Je n'ai ni injure à venger, ni ennemi à écarter, ni fortune à refaire, sauf celle de la France. »

(Henri V.)

*
* *

Je ne ramène que la religion, la concorde et la paix, et je ne veux exercer de dictature que celle de la clémence. »

(Henri V.)

*
* *

Pénétré des besoins de mon temps, toute mon ambition est de fonder avec vous un gouvernement

vraiment national, ayant le droit pour base, l'honné-
teté pour moyen, la grandeur morale pour but. »

(HENRI V.)

* *

« Dieu aidant, nous fonderons ensemble et quand
vous le voudrez, sur les larges assises de la décen-
tralisation administrative et des franchises locales, un
gouvernement conforme aux besoins réels du pays.

(HENRI V.)

MANIFESTES DU ROI

Au lendemain du désastre de Sedan, Mgr. le comte de Chambord, profondément attristé des malheurs qui accablaient la Patrie, offrit son concours pour la sauver .

Voici le manifeste qu'il adressa aux Français :

Français,

« Vous êtes de nouveau maîtres de vos destinées.

» Pour la quatrième fois, depuis moins d'un demi-siècle, vos institutions politiques se sont écroulées, et nous sommes livrés aux plus douloureuses épreuves.

» La France doit-elle voir le terme de ces agitations stériles, sources de tant de malheurs ? C'est à vous de répondre.

» Durant les longues années d'un exil immérité, je n'ai pas permis un seul jour que mon nom fût une cause de division et de trouble ; mais aujourd'hui qu'il peut être un gage de conciliation et de sécurité, je n'hésite pas à dire à mon pays que je suis prêt à me dévouer tout entier à son bonheur.

» Oui, la France se relèvera, si, éclairée par les leçons de l'expérience, lasse de tant d'essais infructueux, elle consent à rentrer dans les voies que la Providence lui a tracées.

» Chef de cette maison de Bourbon qui, avec l'aide de Dieu et de vos pères, a constitué la France dans sa puissante unité, je devais ressentir plus profondément que tout autre l'étendue de nos désastres, et mieux qu'à tout autre il m'appartient de les réparer.

» Que le deuil de la patrie soit le signal du réveil des nobles élans. L'étranger sera repoussé, l'intégrité de notre territoire assurée, si nous savons mettre en commun tous nos efforts, tous nos dévouements et tous nos sacrifices.

» Ne l'oubliez pas ; c'est par le retour à ses traditions de foi et d'honneur, que la grande nation, un moment affaiblie, recouvrera sa puissance et sa gloire.

» Je vous le disais naguère : gouverner, ne consiste pas à flatter les passions des peuples, mais à s'appuyer sur leurs vertus.

» Ne vous laissez plus entraîner par de fatales illusions. Les institutions républicaines, qui peuvent correspondre aux aspirations de sociétés nouvelles, ne prendront jamais racine sur notre vieux sol monarchique.

» Pénétré des besoins de mon temps, toute mon ambition est de fonder avec vous un gouvernement

vraiment national, ayant le droit pour base, l'honnêteté pour moyen, la grandeur morale pour but.

» Effaçons jusqu'au souvenir de nos dissensions
passées, si funestes au développement du véritable
progrès et de la vraie liberté.

» Français, qu'un seul cri s'échappe de notre cœur :

» Tout pour la France, par la France et avec la
France!

» HENRI.

» Frontière de France (Suisse), 9 octobre 1870. »

En 1873, l'Assemblée nationale n'ayant pu se
mettre d'accord pour rétablir la royauté, qui aurait
sauvé la France, elle vota le 20 novembre une loi qui
prorogeait les pouvoirs du maréchal de Mac-Mahon
pendant sept ans ; c'est ce qu'on a appelé le septennat.

Le Roi prévoyant les dangers qui naîtraient de la
nouvelle organisation des pouvoirs gouvernementaux
adressa à la France ce nouveau manifeste, empreint
du plus pur patriotisme :

2 juillet 1874.

« Français,

« Vous avez demandé le salut de notre patrie à des
solutions temporaires, et vous semblez à la veille de
vous jeter dans de nouveaux hasards.

« Chacune des révolutions survenues depuis quatre-vingts ans a été une démonstration éclatante du tempérament monarchique du pays.

« La France a besoin de la royauté. Ma naissance m'a fait votre Roi. Je manquerais au plus sacré devoir, si, à ce moment solennel, je ne tentais un suprème effort pour renverser la barrière de préjugés qui me sépare encore de vous.

« Je connais toutes les accusations portées contre ma politique, contre mon attitude, mes paroles et mes actes.

« Il n'est pas jusqu'à mon silence qui ne serve de prétexte à d'incessantes récriminations. Si je l'ai gardé depuis de longs mois, c'est que je ne voulais pas rendre plus difficile la mission de l'illustre soldat dont l'épée vous protège. (1)

« Mais aujourd'hui, en présence de tant d'erreurs accumulées, de tant de mensonges répandus, de tant d'honnêtes gens trompés, le silence n'est plus permis.

« L'honneur m'impose une énergique protestation. »

« En déclarant, au mois d'octobre dernier, que j'étais prêt à renouer avec vous la chaîne de nos destinées, à relever l'édifice ébranlé de notre grandeur nationale, avec le concours de tous les dévouements sincères, sans distinction de rang, d'origine ou de parti;

« En affirmant que je ne rétracterais rien des déclarations sans cesse renouvelées, depuis trente ans, dans les documents officiels et privés qui sont dans toutes les mains;

(1) Le maréchal de Mac-Mahon.

« Je comptais sur l'intelligence proverbiale de votre race et sur la clarté de notre langue.

« On a feint de comprendre que je plaçais le pouvoir royal au-dessus des lois et que je rêvais je ne sais quelles combinaisons gouvernementales, basées sur l'arbitraire et l'absolu.

« Non, la monarchie chrétienne et française est dans son essence même une monarchie tempérée, qui n'a rien à emprunter à ces gouvernements d'aventure qui promettent l'âge d'or et conduisent aux abîmes.

« Cette monarchie tempérée comporte l'existence de deux chambres, dont l'une est nommée par le souverain, dans des catégories déterminées, et l'autre par la nation, selon le mode de suffrage réglé par la loi.

« Où trouver ici la place de l'arbitraire ?

« Le jour où vous et moi nous pourrons, face à face, traiter ensemble des intérêts de la France, vous apprendrez comment l'union du peuple et du roi a permis à la monarchie française de déjouer pendant tant de siècles les calculs de ceux qui ne luttent contre le Roi que pour dominer le peuple.

« Il n'est pas vrai de dire que ma politique soit en désaccord avec les aspirations du pays. Je veux un pouvoir réparateur et fort ; la France ne le veut pas moins que moi. Son intérêt l'y porte, son instinct le réclame.

« On recherche des alliances sérieuses et durables ;

tout le monde comprend que la monarchie traditionnelle peut seule nous les donner.

« Je veux trouver dans les représentants de la nation des auxiliaires vigilants, pour l'examen des
questions soumises à leur contrôle ; mais je ne veux
pas de ces luttes stériles de parlement, d'où le souverain sort, trop souvent, impuissant et affaibli ; si je
repousse la formule d'importation étrangère, que ré-
pudient toutes nos traditions nationales, avec son roi
qui règne et qui ne gouverne pas, là encore je me sens
en communauté parfaite avec les désirs de l'immense
majorité, qui ne comprend rien à ces fictions, qui est
fatiguée de ces mensonges.

« Français,

« Je suis prêt aujourd'hui, comme je l'étais hier.

« La maison de France est sincèrement, loyalement
réconciliée. Ralliez-vous, confiants, derrière elle.

« Trêve à nos divisions, pour ne songer qu'aux maux
de la patrie ! N'a-t-elle pas assez souffert ? N'est-il pas
temps de lui rendre, avec sa royauté séculaire, la
prospérité, la sécurité, la dignité, la grandeur, et tout
ce cortège de libertés fécondes que vous n'obtiendrez
jamais sans elle ?

« L'œuvre est laborieuse ; mais, Dieu aidant, nous
pouvons l'accomplir.

« Que chacun, dans sa conscience, pèse les res-
ponsabilités du présent et songe aux sévérités de l'histoire. »   « HENRI. »

POÉSIES ROYALISTES

—

AU ROI

(Sonnet)

O Prince ! le Seigneur dans sa bonté suprême
A l'heure où nous pleurions sur les bords d'un tombeau
Promit de transformer pour la France qu'il aime,
 Nos pleurs en allégresse auprès de ton berceau.

J'entends l'airain joyeux saluer ton baptême
Je vois flotter ton glorieux drapeau,
Tous les cœurs sur ton front placent le diadème
Abrité dans les plis de ton royal manteau !

Tu fus alors pour nous l'ange de l'espérance ;
Le doux nom d'Henri V, retentit dans la France
Comme un gage de paix, de grandeur et d'amour !

Dans l'exil, cependant, loin de notre frontière,
 Nos forfaits ont conduit notre Roi, notre Père !...
Puissent nos vœux bientôt préparer son retour !

Un abbé périgourdin

LA ROYAUTÉ

(Sonnet)

I

Dans l'abime infernal, moribonde, meurtrie,
Hier encor des plus vils le jouet et le butin,
Elle maudit tout bas son infâme destin ;
Son âme par le doute et la honte est flétrie.

Aux éclairs du remords la misérable prie ;
Elle revoit et pleure un doux passé lointain :
Sa vie était si belle à son riant matin,
Son avenir si pur, sa route si fleurie !

II

Sa prière a fléchi la colère de Dieu:
Le soleil des jours d'or renaît dans le ciel bleu !
Tandis que son cœur saigne et sa douleur s'épanche.

Soudain sur la mourante un bon Ange se penche :
Il lui parle d'espoir, d'honneur, de liberté,
Ton nom ? dit-il. — La France ! Et toi ? la Royauté

Oscar de Poli.

FIDÉLITÉ

Avez-vous vu parfois lorsque la mer immense
Envahit par degrés les bancs de sable d'or,
Chaque flot qui s'élève et tour à tour s'avance,
    Puis recule et puis monte encor.

Tout à l'heure, à vos pieds s'étendait une grève
Large, vaste et dormant sous son goëmon vert;
Puis tout a disparu, comme s'enfuit un rêve ,
    Et la vague a tout recouvert.

Je me trompe, au milieu de ce profond abîme
De distance en distance on voit de fiers rochers
Dominant l'Océan d'une orgueilleuse cime,
    Servant de signal aux nochers......

. . . .

. . . .

Ainsi lorsque les flots de la colère humaine,
Par Satan excités veulent tout engloutir ;
Et qu'un peuple aveuglé tout à coup se déchaîne
    Combattant ce qu'il doit bénir.

Lorsqu'un règne brillant sombre dans la tempête
Et qu'on voit disparaître et couronnes et rois...
Quand la meute sanglante accourt ayant en tête
    Quelque monstre mis hors les lois.

Le Passé semble enfoui dans un linceul funèbre
La gloire des aïeux semble morte à jamais ;
Et tous ont oublié cette race célèbre
Dont la main versait les bienfaits.

Alors les cœurs vaillants demeurent seuls en place,
Attendant résignés, dans un espoir certain,
Et sachant que ces lieux où l'onde trouble passe
    Seront délivrés dès demain.

Ceux-là sont les rochers de la sainte défense
Nous promettant enfin une autre Royauté
Ceux-là sont les signaux qui veillent pour la France,
    Leur devise est Fidélité.

Vicomte Henri du Mesnil !

CONCLUSION

Encore quelque temps d'orgie et, ainsi que nous le disons au commencement de cet opuscule, le salut de la France sera dans la monarchie.

Tout le démontre, tout l'atteste, et comme preuve nous voulons, en finissant, invoquer des voix autorisées et non suspectes pour nos adversaires.

« Le gouvernement monarchique est la meilleure garantie de nos libertés religieuses, politiques et civiles. C'est en même temps celui qui donne le plus de gages à la sécurité publique. »

(Journal des Débats.)

*
* *

« Bien fous ceux qui croiraient que la France peut se passer de roi. »

(Mirabeau.)

*
* *

«Quand les peuples ont besoin de châtiments, Dieu leur envoie des hommes pervers, des maîtres impitoyables; et il ne détruit ces instruments de désolation que quand le mal qu'il fallait guérir est extirpé. »

(Plutarque.)

*
* *

«Le sol français est un sol monarchique. Quatorze siècles de monarchie y ont fait pousser des racines bien difficile à arracher. Croyez-vous qu'on puisse y faire éclore la République du jour au lendemain, comme un champignon ? » *(Extrait d'une conférence faite à Carcassonne, en 1879, par M. Marcou, radical.)*

* *

« Quand la Fortune veut grandir un prince, elle lui suscite des ennemis. » (MACHIAVEL.)

* *

Il y a quelque chose de plus respectable que le nombre, que le génie, que la gloire : c'est le droit. »

(THIERS.)

* *

« La République ne compte point jusqu'ici parmi les gouvernements sérieux du pays. »

(GUIZOT.)

* *

« Croyez-vous que les révolutions se fassent en disant le mot pour lequel elles se font ? Non. On s'empare de toutes les circonstances qui peuvent émouvoir l'opinion publique, et, à l'aide d'un tour de main, on renverse le gouvernement. »

(LEDRU-ROLLIN.)

____

DÉFINITION DE LA RÉPUBLIQUE

Voici maintenant quelques définitions de la République :

La première République, d'après Lamartine :

« Elle n'avait qu'une seule institution : la guillotine... son gouvernement ne fut qu'un long assassinat »

____

La seconde République, selon Proudhon :

« Un président incapable, un ministère impui;sant, une assemblée ignorante ; il y a là de quoi perdre dix nations. »

———

La troisième République d'après M. Thiers :

En continuant la guerre après Sedan, « elle a doublé le désastre et la dépense en nous faisant perdre la Lorraine et deux millards et demi ».

M. Rochefort constate en outre que ses représentants sont « ruissselants d'abjection ».

M. Gambetta les déclare « idiots ».

MM. About et Sarcey trouvent « qu'ils ont dépassé les bornes de l'impuiss-ance connue ».

Au dire de la *République française*, « la France marche tout doucement vers un état qui ressemble beaucoup à ce que Proudhon nommait *l'anarchie* ».

M. Jules Grévy a prophétisé que « Gambetta mourrait dans la peau d'un factieux ».

Enfin Louise Michel affirme que « Gambetta nous amènera à Sedan, et que l'opportunisme c'est la ruine».

———

Espérons que Dieu aura bientôt pitié de la France et que d'un bout à l'autre de la patrie retentiront ces deux cris :

Vive la religion !

Vive le Roi !

———

TABLE DES MATIÈRES

Paris-Auteuil. — Impr. des Apprentis Orphelins. — Roussel.
40, rue Lafontaine 40,